나, 이제부터 삐딱하게 살기로 했다

시산맥 시혼시인선 008

초판 1쇄 발행 | 2020년 10월 26일

지 은 이 | 임영석
펴 낸 이 | 문정영
펴 낸 곳 | 시산맥사
편집위원 | 강경희 박성현 전철희 한용국
등록번호 | 제300-2013-12호
등록일자 | 2009년 4월 15일
주　　소 | 03131 서울특별시 종로구 율곡로 6길 36,
　　　　　월드오피스텔 1102호
전　　화 | 02-764-8722, 010-8894-8722
전자우편 | poemmtss@hanmail.net
시산맥카페 | http://cafe.daum.net/poemmtss

ISBN 979-11-6243-138-2 (03810)

값 10,000원

* 이 책은 전부 또는 일부 내용을 재사용하려면 반드시 저작권자와 시산맥사의 동의를 받아야 합니다.

* 이 도서의 국립중앙도서관 출판시도서목록(CIP)은 서지정보유통지원시스템 홈페이지(http://seoji.nl.go.kr)와 국가자료공동목록시스템(http://www.nl.go.kr/kolisnet)에서 이용하실 수 있습니다. (CIP제어번호 : CIPCIP2020042220)

* 이 책은 　강원문화재단 전문가 창작지원을 받아 발간하였습니다.

나, 이제부터 삐딱하게 살기로 했다

임영석 시집

* 저자의 의도에 따라 작품의 보조 동사와 합성 명사는 띄어쓰기가 달라질 수 있습니다.

* 본문 페이지에서 한 연이 첫 번째 행에서 시작될 때에는 〈 표기를 합니다.

* 이 시집은 교보문고와 연계하여 전자책으로도 발간되었습니다.

■ 시인의 말

내 몸에서 채굴된 시가 시집이 여섯 권이고, 시조집이 네 권이다. 무엇을 더 채굴해야 바닥이 보일지 모르겠지만, 살면서 삶을 채굴하는 마음이 시가 아닌가 싶다. 그러니 열심히 사는 게 중요하다고 생각한다.

지난 5월에 동생이 죽었다.

이제 내 마음 한가운데 저승에 가신 부모님과 큰형님 그리고 동생까지 들어와 산다.

쓸쓸할 때, 외로울 때, 산길을 걸으며 저 나무가 내 부모님이고, 저 나무가 내 큰형님이고, 저 나무가 내 동생이라는 생각을 하며 걷는다.

그렇게 한 발 한 발 걷다 보니 내 나이가 예순 살이 되었다.

얼마나 더 걸을지 모르지만, 잘 듣고, 잘 생각하고, 잘 이해하며 살겠다.

내 몸, 그 일획—劃의 글을 잘 받아쓰겠다.

2020년 늦가을

임영석

■ 차 례

1부
나, 이제부터 삐딱하게 살기로 했다

고추 _ 021
에어컨도 바람 피운다 _ 022
아귀다툼 _ 023
어미소의 울음이 따뜻하다 _ 024
나, 이제부터 삐딱하게 살기로 했다 _ 025
최양옥崔養玉 선생 _ 026
뉴스 _ 028
구두 _ 029
웃을 일 _ 030
어느 나라에서는 _ 032
하늘 같은 나무 _ 033
산길 _ 034
주목나무 방석코 _ 036
애독자愛讀者 _ 038
독백獨白 _ 039

2부
참 바쁘다

참 바쁘다 _ 043
눈물에 대하여 _ 044
종신형終身刑 _ 045
바나나 _ 046
계속繼續 _ 047
변기 _ 048
청빈淸貧 _ 049
고인 눈물 _ 050
슬픔의 서식 _ 051
여기 서서 바라보면 _ 052
무제無題 _ 053
물의 지형 _ 054
모월모일某月某日 _ 056
꽃 _ 057
시인과 쌀벌레 _ 058

3부
삶의 두께

삶의 두께 _ 063

뼐 _ 064

관棺 _ 065

그늘의 수업 _ 066

모래시계 _ 067

아부阿附의 기본 _ 068

정신이 모자라다 _ 069

코로나 19 세상, _ 070

어떤 의미 _ 072

덩굴장미를 보며 _ 073

붉은 혀 _ 074

소쩍새 소리가 뚝 끊겼다 _ 076

봄 _ 077

나는 시간을 먹는 돼지다 _ 078

숲, 나무들 _ 079

4부
똑, 똑, 누구십니까

똑, 똑, 누구십니까 _ 083

복권 _ 084

참 많이 울었다 _ 085

돌도 버럭 한다 _ 086

무당벌레를 잡아 놓고 _ 087

내 눈에 눈물이 마르면 _ 088

페이스메이커 _ 089

복부비만腹部肥滿 _ 090

내 안경, _ 091

울음이 붉다 _ 092

해는 늘 수평선 너머에서 뜬다 _ 093

한 사람 뒤, 그 옆 _ 094

귀뚜라미는 울음소리가 커야 힘이 세다 _ 096

청옥산의 안개 _ 098

벌은 게으른 사람은 쏘지 않는다 _ 099

5부
받아 쓰기

고래 발자국 _ 103
어둠을 묶어야 별이 뜬다 _ 104
받아쓰기 _ 106
가난론·5 _ 108
편지·2 _ 110
세월 _ 111
나는 너를 어떻게 잊어야 할지 모르겠다 _ 112
책 _ 113
책가방 _ 114
新술타령 _ 116
난, 오늘은 바쁘고 내일은 한가하다 _ 118
풍경을 그리다 _ 119
바람의 가족史 _ 120
부지깽이 같은 삶 _ 121
꽃이 열쇠다 _ 122
돌 _ 123

■ 해설 | 최종천(시인) _ 125

1부

나, 이제부터 삐딱하게 살기로 했다

고추

늦가을 고추는 뿌리를 뽑아야
서리가 와도 얼지 않는다
땅에 뿌리를 박고 있는 고추는
늦가을 된서리 한 번 맞으면
땡땡한 열매가 모두 삭아 내린다
그래서 고추밭 농부는 서리가 올 때쯤
뿌리를 낫으로 자르거나 뽑아 둔다
악착같이 번성하겠다는 미련을 끊어 놓아야
발정을 멈추고 매달고 있는 고추를
뜨겁게 지켜내는 것이다
피도 눈물도 없을 것 같은 고추가
제 몸에 불을 질러 다 타들어 갈 때까지
열매를 지킨다는 것을 알기 때문에
농부는 고추의 뿌리를 뽑아
허공에 걸어둔다

에어컨도 바람피운다

　시인 박성구 씨는 「선풍기의 예의」에서 선풍기가 바람난 놈이라 말하고 있는데, 이 선풍기보다 몇 단계는 더 고단수의 바람을 피우는 놈이 있다. 밖의 날씨가 더우면 더울수록 옷 하나 걸치고 싶지 않기 때문에 놈의 바람은 19금이 봉인 해제되었다. 심지어 바람 잘 피우도록 사용설명서까지 준비되어 있으니, 놈에게 더운 날씨는 천국이나 다름없다. 워낙 요망한 놈이 되다 보니 바람도 그냥 바람을 피우는 것이 아니라 예약도 되고, 마무리 깔끔하게 돌아서는 법까지 알고 있다. 문이란 문을 다 처닫고 바람을 피우는 것은 필수다. 그러지 않으면 요금을 왕창 물어야 한다. 밖의 날씨가 높으면 높을수록 그는 더 센 바람을 피워야 한다. 때문에 놈의 사용설명서에는 어린이가 취급하지 않도록 주의 시키고 있지만, 노약자나 어린이 때문에 놈은 오래오래 바람을 피워 놓아줘야 한다. 놈에게는 바람을 피우라는 정도가 아니라 바람을 피우도록 엉덩이를 들쑤셔 주어야 한다. 가끔씩 휴식은 필수적이다. 놈은 바람만 피우다 늙어가지만 화대는 한 푼도 받지 못한다.

아귀다툼

사람이 굶어 죽으면 아귀 귀신이 된다고 한다
아귀다툼은 굶어 죽은 귀신들이
먹을 것 앞에서 서로 먹겠다고
다투는 모습에서 아귀다툼이란 말이 생겼다
무간지옥에서나 보는 아비규환阿鼻叫喚도
아귀들의 다툼에서 시작되었을 것이다
사람이 사는 세상이
죽은 귀신들이 사는 세상과 다르다면
아귀다툼, 아비규환이란 말이 없을 것이다
먹을 것 앞에 싸우지 말라는 말
괜히 하는 말은 아니다
이 세상 알고 보면 서로 더 많이 먹겠다고
으르렁거리는 아귀들의 세상이다
그래서 먹을 것 앞에서는 똑같이 나눠주는
배분이 중요한 것이다

어미소의 울음이 따뜻하다

건넛마을 살구둑에서 어미소가 송아지를 낳고 있는지
밤새도록 울음소리가 지극히 들려온다
목련 나무가 목련꽃을 피우고 있는 모습처럼
내게는 어미소의 울음소리가 따뜻이 들리는데
어미소는 살 찢어지는 소리를 고래고래 내지르며
어둠과 어둠 속에 소리의 다리를 놓는다
제소리의 다리를 건너와 살 찢어지는 고통을 가져가라고
제소리의 다리를 건너와 어린 새끼의 눈빛을 마주 보라고
사방 곳곳에 음매 음매 소리의 다리를 놓는다
내 집에서는 저 축사畜舍의 불빛이
허공에 매달린 붉은 열매처럼 보이는데
저곳은 생명이 살고 있는 하나의 우주다
어미소가 따뜻한 울음으로 제 우주를 다스리는 중이다

나, 이제부터 삐딱하게 살기로 했다

나, 이제부터는 반듯하게 살지 않기로 했다
좀 삐딱하게 살기로 했다
그간 허리 휘게 일하고 돈 벌어 꼬박꼬박 세금 내며 살았는데
백수건달 양아치처럼 살아가기로 했다
내가 반듯하게 살아간다고 세상이 반듯한 것도 아니다
벚꽃 피면 벚꽃 축제, 진달래 피면 진달래 축제,
갈대꽃 피면 갈대 축제, 해바라기 피면 해바라기 축제
눈이 오면 눈꽃 축제, 이 나라 축제란 축제 모두 즐기며 살기로 했다
이미 지구는 23.5도 기울어져 있다
기울어 있는 지구를 똑바로 세우고 살지 못할 바에야
내 몸을 기울여 살기로 했다
그래야 내 정신이 똑바로 서기 때문이다
그간 내가 바르게 살지 못한 것은
지구가 기울어 있는 만큼
내 몸을 기울여 살지 못했기 때문이다
그래서, 이제부터 내 몸을 23.5도 기울여
삐딱하게 살기로 했다

최양옥崔養玉 선생

애국자 최양옥 선생은 임꺽정처럼
경춘가도의 우편차량을 탈취해 그 돈으로
비행사의 꿈을 꾸던 안창남 지사를 도왔고
산으로 들로 피신하다가 붙잡혀
마포 경성 형무소에서 10년 옥살이를 했다
'함께 소리 내어 알린다'라는 공명단을 만들어
애국운동을 하다가 광복을 맞은 후,
국가재건최고회의 의장 박정희가
독립유공자를 초청해 '도와달라'라고 하자
면전에서 '하는 것 봐서 하겠다'라고 답했다는 말
쩡쩡하게 전해져 온다
그는 미군부대에서 나오는 쓰레기를 분류해 먹고살다가
친일로 부를 이룬 사람들이 권세를 누릴 때
돌 하나 바람소리 하나 건드리지 않고
죽어서도 아버지 발밑에 묻어 달라고 하여
국립묘지에 안장하지 않고
아버지 발밑에 잠이 들었다
세상에 없는 애국도 만들어 훈장을 주고 포상을 하여
국립묘지에 숨어든 사람 많은 데
스스로 청빈淸貧을 앞세워 죽어서도

국가의 녹祿을 먹지 않는다

* 최양옥崔養玉

독립운동가. 3·1운동이 일어나자 고향 횡성에서 만세시위를 주도하였다. 그 후 만주로 망명하여 군자금 모금을 위해 활동했다. 1927년 북만주에 독립군 비행학교를 설립할 계획을 세우고 그 기금 마련을 위해 서울로 잠입했다. 망우리에서 춘천으로 가는 일본 우편물수송차를 습격하여 많은 돈을 탈취했으나 체포되어 징역 10년을 선고받았다.

뉴스

무슨 일만 있으면 꼬리를 자른다고 말한다
몸통은 따로 있다고 말한다
열몇 시간의 취조를 받고 나왔다고 말한다
그러나 결론은 내 귀만 아프다
요즘 뉴스는 뉴스가 아니다
사자가 먹잇감을 쫓듯 쫓아다니며
으르렁거리는 소리뿐이다
그나마 사자가 으르렁거리는 소리는
먹잇감이 될까 숨는 사슴이라도 있지만
사자의 목소리만 들려주는 확성기가
너무나 많다 보니, 사자가 없다는 것을 알기에
풀을 뜯는 사슴도 숨지 않는다
더구나 우리나라는 호랑이가 사라지고
멧돼지만 득실거리는 나라가 되어서 그런지
엽사들이 판치는 세상이 되었다
팔다리 묶어 놓고 달리라는 놈
눈치만 보고 있다
그런 뉴스만 들린다

구두

신지 않던 구두를 몇 년 만에 신고 나갔다
풀썩 뒷굽이 주저앉았다
바깥바람 몇 년 쐬지 않고 신발장에 처박아 두었더니
구두 뒷굽의 속이 삭을 대로 곰삭아서
말랑말랑한 스펀지가 되어 있었다
'뒷굽만 갈면 되겠지'라며 구두 수선집에 갔더니
구두 전체가 다 삭아 더는 신을 수가 없단다
아끼고 아끼느라 신지 않고 신발장에 모셔 두었는데
구두는 저를 버렸다고 생각을 하였는지
구두가 구두이기를 포기하고
제 속을 다 삭혀 마음을 내려놓았던 것이다
아뿔싸, 세상에 아낄 게 따로 있었던 것이다
마누라와 신발은 멀리 두면 둘수록
마음이 떠난다는 데, 맞는 말 같다
마음 떠난 구두 우격다짐 끝에 버리고
새로 한 켤레 샀다

웃을 일

어느 유머 난에서 읽은 글이다
나훈아 씨와 김지미 씨의 이혼 사유다
훈아의 발을 만지던 지미씨,
"이 발은 훈아발!"
그러자 훈아는 연상인 지미 씨를 향해 반말을 할 수가 없어
"이 발은 지미씨발!"하자
쌍욕을 한다며 헤어졌다고 한다
진짜로 지미씨발 때문에 헤어졌는지도 모르나
'지미 씨 발'과 '지미씨발'은 다르다
말이란 듣는 귀가 누구냐에 따라
누구는 웃고
누구는 고통스럽다
지미씨발 때문에 나는 웃지만
지미란 이름 때문에 지미씨 발은
유머 아닌 유머가 되었다
섹소폰을 발음하다 보면 섹스폰이라 한다
섹스폰이란 발음 때문에
섹스를 떠올리지는 않는다
그런데, 지미씨발 때문에 왜 웃는가

유머란 누군가의 상처를 헤집어보며
그 아픔을 짜릿하게 즐기는 것인지도 모른다

어느 나라에서는

어느 나라에서는 대통령이 골프를 좋아하면
이른 새벽부터 골프 중계가 되고
어느 나라에서는 대통령이 축구를 좋아하면
연속극보다는 축구 중계가 먼저다

어느 나라에서는 대통령이 코미디를 좋아하면
코미디 프로가 뜨고
어느 나라에서는 대통령이 노래를 좋아하면
가요 프로그램이 뜬다

어느 나라에서는
대통령의 취미가 무엇이냐에 따라
인기 프로그램이 바뀐다
예나 지금이나 망나니가 날뛰는 것은
그대로다

하늘 같은 나무

밤이면
천태산 은행나무
어둠보다 더 어둡게 서서
개똥벌레 한 마리
몸속에 들인다

개똥벌레 한 마리 들였을 뿐인데
밤이면 밤마다
반짝반짝 빛나는
하늘 같은 나무가 되어 있다

하느님이 아니어도
부처님이 아니어도
하늘이 될 수 있다는 걸
어둠 속에 서서
매일매일 보여주신다

산길

굽은 길 백 리를 걸어 걸어 마을에 도착하면
까마귀 울음소리 가득한 숲이 보인다
애달프고 서러운 마을의 전설은 어느덧
시냇물처럼 흘러 흘러
고향 아닌 타향의 땅을 휘돌아 지나갔을 것인데
죽창을 들고 허공을 향해 내지르던 함성은
왜 산길처럼 굽이굽이 휘어져 들리지 않는가
산속에 숨어 아내와 오롯이 살 수도 있었지만
백정으로 태어난 원한을 풀고
찬바람에 더는 떨지 않는 세상을 위하여
죽창을 들고서야 아무개라는 이름을 얻어
황토현 진흙길 위에서 처음으로 펑펑 울었다고 한다
개똥이 소똥이 돌쇠 그 흔한 이름들 다 모여
새끼 꼬고 두엄 져 나르고 마당 쓸고 물을 긷고
눈물 흘리는 소를 잡던 아무개의 힘까지 합쳐
지면 피고 지면 피는 들꽃 길 따라서
울분에 찬 함성을 내 지르다 죽어갔지만
그 메아리는 아직도 이 산길에 살아 있다
산이 있어 나무가 자라고
나무가 있어 산이 더 산다운 것인데

개똥이 소똥이 돌쇠 아무개의 영혼도
이 땅의 한 나무로 굳게 심어져 있다
나, 그 산길 걷고 걸으며
메아리처럼 푸르른 말 듣고 듣는다

주목나무 방석코

내 엉덩이 자근자근 눌러 피로를 풀어 달라고
주목나무 구슬을 꿰어 만든 방석을 사서 의자에 깔고 앉아
책을 읽으며 마시고 있던 커피를 쏟아 버렸다 주목나무
구슬 사이사이 커피가 스며들어 주목 향보다 커피향이
더 짙게 베었다 입고 있던 바지는 벗어 세탁기에 넣고
흘린 커피를 수건으로 닦아내다 보니 몇 년 동안
물맛 한번 보지 않았던 코가 순식간에 흘린 커피를
마셔버렸다 줄줄이 코가 꿰어 있으면서
눈도 코도 입도 귀도 없을 것 같았는데
내 구린내 나는 엉덩이 냄새만 맡고 있다가 달콤하고 쌉쌀한
커피 맛을 보고 분명 또 다른 세상이 있음을 느꼈을 것이다
생의 반, 엉덩이 힘으로 살아가는 나, 주목나무 구슬 방석에
의지하고 살면서도 물 한 모금 준 적이 없다 뜨거운 커피
구슬 코로 다 삼키고 아무 일 없다는 듯 시치미를 뗀다
코로 물을 마셔보아 그 느낌 잘 아는데 그 고통 코에 꿰어 살면서도

아무 일 없다는 듯 잘 버티어 낸다 물 한 방울만 삼켜도 아린 코가
 수백 개 구슬의 코로 내 엉덩이를 섬기었으니
 나, 이제부터 주목나무 방석코에 종종 참기름이라도 먹여야겠다

애독자 愛讀者

지방 신문 주간지에 칼럼을 연재한 지 3년째다
씨 뿌리고 가꾸는 게 농부들의 일이라면
나도 거둘 수 있는 게 있을 거라고 생각해서
이 생각 저 생각 끌어다가 글을 써 왔다
어느 날, 친일 문학상 폐지에 관한 글을 쓰고
아무개 문학상을 수상한 시인에게
그 상 친일에 앞장선 사람의 상이라고 말을 하자
자신은 친일에 가담한 그 사람 행적보다는
그 시인의 시를 사랑하는 애독자란다
그 사람 마음속에는 나뭇가지가 담을 넘은 것인데
왜 그 나무의 뿌리를 탓하냐는 식이라
더 말 안 하고 소식을 끊었다
교각살우 矯角殺牛라는 말이 있다
쇠뿔을 잡으려다 소를 죽인다는 말이다
시인의 시를 사랑하여 애독하는 것과
시인의 뜻을 기리는 문학상은 다른 것이다
독초도 어린순은 독이 없다
풀인지 독초인지 구분하지 못하는 시인이라면
무슨 시를 써도 이로울 게 없을 것이다
나, 그 시인 친일 문학인 기리는 상을 받기 전까지
그 시인 시를 읽는 애독자였다

독백獨白
- 희망퇴직하던 날

스물일곱 나이부터 나를 부축하여 여기까지 왔다고
오늘은 나에게 쓴 소주 한 잔을 건넨다
애썼다, 고생했다, 마음을 다독이면서도
왠지 히말라야 산을 오르는 짐꾼들 속에서
나만 더는 짐을 짊어지고 오를 용기가 나지 않아
돌아서서 하산을 하고 있다는 생각이 들었다
이 패배감, 막막함, 두려움, 절망을 끌어 앉고
30년을 버티며 살았다는 것인데
어깨에 짊어진 짐을 다 내려놓고 보니
발바닥 한번 편히 쉬게 한 날이 없는 것 같다
이제부터 굶어 죽더라도 맘 놓고
글이나 써 보겠다는 다짐을 하는데
식당 주인은 詩가 밥 먹여 주냐고 몇 번을 묻는다
나는 처음으로 밥 굶어도 좋다고
혼자 웃으며 마음을 숨기지 않았다
그날은 참 많은 말을 말없이 많이 했다

2부

참 바쁘다

참 바쁘다

밭둑에 심은 주목나무 가지 틈에
새가 집을 짓고 새끼를 낳아 기른다
틈틈 제 새끼의 똥도 물어다 버려야 하고
누가 올까 이리저리 망도 봐야 하고
네 마리 새끼의 배를 수시로 채워줘야 한다
바쁘기로 말하면 지금 저 새는 대통령이다
촌각을 나누어 새끼를 키우지 않으면
무슨 벌이라도 받는지
새의 그림자까지도 참 바쁘다
저 닮은 꽃을 피우려고
주어진 책임이 막중하다 못해
목숨을 건 싸움도 마다하지 않는다
지척이 저승인 허공을 울타리 삼아
네 마리 새끼가 커 갈수록
어미는 더 바쁘다
그러고 보니 들에 꽃을 피우려고
햇빛도 참 바쁘다

눈물에 대하여

눈물은 영혼으로 빚은 통곡의 말이다
서슬 푸르지 않고서는 그 눈물 흘리지 않는다
슬프다고 모든 슬픔이 눈물이 되지 않는다
어제의 하루가 오늘의 하루를 완전하게 동여매고
이승의 땅을 박차고 나갈 때
가슴이 무너져 눈물을 흘리는 것이다
풀잎을 보라
언제 무너져 떠나갈지 몰라
매일매일 눈물 같은 이슬로 치장을 하고
아침을 맞는 것이다
외롭지 않은 者, 눈물을 흘리지 않는다
고독하지 않은 者, 눈물을 흘리지 않는다
눈물이 짐 되면 서러워서 이 땅에 살지 못한다
연잎이 빗물을 눈물처럼 받아내어
제 눈동자처럼 굴리는 것을 보면
울지 못한 서러움이 그만큼 많았다는 것이다
새가 아무리 슬퍼도 눈물을 보이지 않는 건
제 영혼을 감추고 울어야
허공을 자유롭게 날아갈 수 있기 때문이다

종신형終身刑

사람은 누구나 잘못하면 벌을 받고 산다
나도 35년 시를 쓰고 살다 보니 그 죄가 만만치 않다
이 말 저 말, 거짓말이 산봉우리 몇 개는 될 것이고
이 꽃 저 꽃, 몰래몰래 꽃향기 맡은 죄까지 치면
이미 나는 사형을 당했어도 할 말이 없다
그렇다고 돈이 많아 보석을 신청할 여력도 없고
곧이곧대로 벌을 받아 형을 채워야 한다
아직까지 신神이 나에게 사형을 내리지 않는 걸 보면
내 죄는 종신형終身刑으로 판정이 나 있나 보다
시 쓰는 것 눈감아 주고
꽃향기 맡는 것 죄를 묻지 않는 걸 보면
밥 먹고 똥 싸며 살아온 죄
종신형으로 죗값을 묻겠다는 것이다
이제부터라도 반성문을 쓰듯 열심히 시를 써
종신형 마칠 때, 매 맞을 맷값이라도 벌어 놓아야겠다

바나나

열매라 해서 제가 떠나온 고향이 왜 그립지 않겠는가
바나나가 쉽게 상해 걸이대를 사서 걸어 놓으니
저도 제 어미의 품이 그리웠는지
그만 덥석 안기어 며칠을 잠만 자고 있는 모습이다
그 모습 앞쪽에서 바라보면 초승달 같고
뒤쪽에서 바라보면 그믐달 같다
초승달처럼 떠오르는 생각과
그믐달처럼 잊고자 하는 생각이
바나나의 몸을 들락날락하는 것 같다
바나나 저도, 설익은 몸 억지로 익혀내고서
얼마나 고통이 심했겠는가
여기가 어미의 품이 아니라는 것을 알면서
꾸역꾸역 어미의 생각을 제 몸에 구겨 넣고 있는데
나는 지금 바나나의 고통을 하나씩 벗겨 먹는 중이다

계속 繼續

숲에서 나무를 본다
나무와 나무는 서로 무슨 말을 주고받는다
나는 그 말을 고요라 느꼈다
나는 그 말을 침묵이라 느꼈다
나는 그 말을 깨달음이라고 느꼈다
숲을 보고 느낄 수 있는 느낌이 바닥이 나고
내 눈의 근육은 계속해서
무엇이라고 느끼고 싶은데
숲은 숲, 그 이상으로 느낄 수가 없다
내가 한 번도 들어보지 않은 말이
하루 종일 내 귀에 들렸다
그러나 발아래 도시는 계속
그 말을 차단하는 소음을 생산 중이다
나, 그 소음을 피해 떠나온
이재민인데, 봄 되면 그 행렬이
더 늘어날 것 같다

변기
- 마르셀 뒤샹의 '샘'을 보고

마르셀 뒤샹이 1917년
변기를 놓고 샘이라 했다
벌써, 100년 전 일이다
호랑이 담배 피우던 시절
생각의 돌을 던진 것이다
나는 지금도 변기에 앉아
그 생각의 돌을 바라보고 있다
똥오줌을 두말하지 않고
깨끗이 씻어내는 일
쉽지 않거니와, 아무나 할 수 없다
성자처럼, 샘솟는 생각이 없이는
똥오줌 깨끗이 씻어 내리지 못한다
마르셀 뒤샹은 100년 전
변기를 놓고 샘이라 할 때는
사람의 내부를 들여다보고
그 내부를 깨끗이 씻어 줄
샘이 무엇일까 생각했을 것이다
하여, 변기를 놓고
샘이라 말하고는, 지금까지
시치미 뚝 떼고 있다고 본다

청빈淸貧

누가 집을 사 몇 억이 올랐다느니
누가 땅을 사 몇 십억이 올랐다는 말을
친구에게 듣고 온 날은 책을 읽지 않는다

내 눈과 귀에 담을 말과 글이 따로 있기에
친구들과 어울려 놀고 온 날은
일주일 내내 가슴앓이를 한다

지금까지 내가 읽은 책을 보니, 한 트럭이다
한 트럭의 책에서 내가 배운 건,
청빈淸貧이란 말뿐이다

친구들이 돈을 모아 땅을 사고 집을 살 때
나는 내 가슴에 거처할 땅 한 평 사기 위해
읽고읽고 읽는데, 가난하다는 말뿐이다

시집 한 권 안 사 읽으며, 친구들은
청빈 속에 나를 가두고
내 재산목록이란다

고인 눈물

가을이 제 가슴에 한 줄 금을 긋는다
하고 싶은 말이 있더라도
더는 하지 말라는 신호다
무릎이 있다면 무릎을 꿇고
그간 듣지 못한 울음을 들으라는 것이다
그래서 새들은 가을이면 고인 눈물 쪽으로 날아간다
새가 울면서도 눈물을 흘리지 않는 건
고인 눈물에 빠져 보았기 때문이다
숲이 세월의 더께를 켜켜이 담는다 해도
새의 울음은 담지 않는다
사람의 이별은 눈물로 시작해 눈물로 끝나지만
새들의 이별은 제 눈물을 삼키며 허공을 날아간다
가슴에 고인 눈물이 없다면
새들은 허공을 날지 못한다

슬픔의 서식
- 부론 居頓寺址에서

이제 새벽닭은 홰를 치지 않는다
부엉이도 슬픔의 울음을 멈추고 떠났다
부론 거돈사 폐사지 한쪽에
아직도 팔각기둥에 지신地神들로 치장한
원공 국사의 탑만이
지존至尊의 역사를 거머쥐고
연자방아를 돌리던 돌쇠의 무딘 힘을
유혹해 떠난 계집의
치맛자락 같은 길을 바라보고 있다
이 거돈사 절이 번창할 때는
냉수 한 사발이라도 얻어 마시고
부처님 은공을 온몸으로 느끼고자 했을 것인데
궁궐 같은 대웅전 지붕이 불에 탄 후에는
제비 새끼 한 마리 둥지를 틀지 않는다
기둥을 끙끙거리며 받치고 있던 돌만이
제 자리를 잃고 옹기종기 모여
슬픔의 서식을 맞추고 있다
세월이라는 흔적, 허공 어디에도 없다
그래서 거돈사 폐사지 돌들은
슬픔의 기억을 지우지 못하고
뼈처럼 슬픔의 서식을 맞추고 있다

여기 서서 바라보면

여기 서서 바라보면
길 건너 산
한 뼘 밭
비알에서

연이 할머니 할아버지
앞서며 뒤서며
일하는 것
다 보인다

눈, 코, 입, 귀
하나도 안 보이고
누구라고 안 해도
다 안다

그런데, 하늘에 계신 하느님,
내가 매일매일
무얼 하고 있는지
왜 모르겠는가

무제無題

내 미련함을 건조하면 미련함의 껍질은
마른 비듬처럼 모두 날아가 눈雪이 될 것이다
거처가 없는 세상의 일이 의혹으로 불거져도
사흘을 굶고 훔친 라면 하나의 죄가
수백억의 뇌물을 준 사람보다 왜 무거운가
남의 나라에서 훔친 보물로 가득한
어느 나라의 박물관 관장은
왜 죄로 다스리지 못하는가
그리고 숨어 사는 맹독의 뱀은
왜 다시는 입 벌리지 않겠다는 약속 하나
받아내지 못하고, 죄를 묻지 않는가
법의 지붕을 얹은 곳에는 죄가 없고
법의 지붕이 없는 곳에만 죄가 있다면
만사, 법전法典이 최고일 것이다
시를 쓰는 시인이 있을 필요도 없고
노래를 부를 가수도 필요가 없을 것이다
그러나 하느님은 해마다 꽃을 피우고 계시다
법으로 만들지 못하는 향기를 만들어
내 미련함을 꾸짖고 계시다

물의 지형

물은 늘 낮은 데로 임하지만 때론 높이 솟구치기도 한다
누군가에게 갈증을 풀어주어야 한다고 생각하면
한 모금의 물로 솟구치는 것도 마다하지 않는다
금강의 발원지 뜬봉샘을 보면 산봉우리에
제가 먹여 살릴 식솔들이 몇 명이나 되는지 파악을 하고
샘물이 솟구쳐 오른다 기억에도 없는 새 한 마리는
꼬리춤 몇 번 아장아장 추고 나서 물을 마신다
모두 물의 지형이 만든 풍경들이다
사람도 귀하다는 뜬봉샘의 물맛을 보기 위해
비단 걸음 나들이를 마다하지 않지만
절 밥을 먹으려면 절에 가야 하고
샘물을 먹으려면 샘을 찾는 것은 당연한데도
뜬봉샘의 이정표를 몇 번 보고도
초행길의 사람은 의심부터 하고 오른다
낮은 대로 흘러가는 게 물이었다면
누가 이 산을 찾아 오르겠는가
물이 높은 곳에서 샘솟고 있다는 것은
갈증을 풀어야 할 사람이 많다는 것이다

예수님도 그랬고 부처님도 그랬다
사람이 오를 수 없는 높은 봉우리를 만들어
목마른 사람의 갈증을 풀어주고 계신다

모월모일某月某日

일몰日沒과 해넘이는 같은 말인데도
일몰은 그냥 아주 떠나가는 것 같고
해넘이는 오늘 떠났다가
내일 다시 돌아오리라는 느낌이 든다
그렇게 나는 하루하루를 보내며
어느 날은 일몰이라고 불렀고
어느 날은 해넘이라고 부르며
인생이라는 점을 하나하나 찍어 왔다
억울할 것 같은 날은
어둠이 해를 삼키고 있다고 믿었고
마음이 조금 가벼운 날은
해의 그림자가 어둠이라고 생각했다
삶이라는 무게가 있다면
해의 그림자일 것이라는 생각이 들었다
하루살이가 하루만 살다 죽는다는 건
아주 잘못된 착각이다

꽃

꽃은 암수가 한 몸에 있어도
한걸음에 달려갈 수가 없다
쌍쌍 머리채를 묶어 놓아도
영혼은커녕 눈길도 건네주지 못한다
꽃의 내막을 잘 아는
벌 나비가 아니고서는
제 일생의 고백을 전하지 못한다
저린 사랑 한 번 하기 위하여
뿌리의 어둠까지 다 밝혀내야 한다
그래서 꽃이 피고 질 때
흔들린 만큼 단단한 씨를 맺는다

시인과 쌀벌레

시인은 시 속에 집을 짓고
쌀벌레는 쌀 속에 집을 짓는다

시인은 원고지가 감옥이지만
쌀벌레는 쌀독이 감옥이다

시인은 가슴을 갉아먹지만
쌀벌레는 쌀을 갉아먹는다

가슴을 갉아먹는 시인은 살아도
쌀을 갉아먹는 쌀벌레는 죽는다

3부

삶의 두께

삶의 두께

화장실에서 볼일을 보며 두루마리 화장지를 푼다
매일 똑같은 길이로 화장지를 풀어쓰다가
점점 줄어드는 두께를 바라다보면
내 삶의 두께는 얼마나 남아 있을까? 궁금해진다
내가 내 삶의 두께가 얼마나 남아 있는지
알 수가 없으니 온갖 걱정들이 분수처럼 치솟는다
내 아버지는 쉰다섯에 세상을 떠나셨고
내 어머니는 겨우 환갑을 넘겼고
큰형은 예순다섯에, 막내는 쉰일곱에
삶의 두께를 내게 알려주고 떠났다
굽이굽이 돌고 돌아 제 자리인 삶,
막 풀어쓴 두루마리 화장지야 갈아 끼울 수 있지만
내 삶을 풀고 있는 그이, 그런 생각 안 할 것이다
고약하게도 잘못 엉켜 풀리지 않는다면
뚝 끊고 그만 살아라 말할 것이고
엉키지 않고 술술 잘 풀리는 생이라면
나이테 같은 생의 두께 아직은 남아 있을 것이다
그나저나 올해 추석부터는
지난봄에 떠난 동생 벌초도 해야 한다

뻘

돌 하나 없는 뻘의 주인은 누구인가
망둥어는 제집이라고 펄떡펄떡 뛰고
게들은 구멍구멍 허공을 묶어 놓고
1인 몇 역을 하는 배우처럼 움직인다
뻘은 고전古典의 한 마당극처럼 보이지만
봐도봐도 그 끝의 내막은 오리무중五里霧中이다
무엇이 더 우러러 보이는 것도 없고
무엇이 더 낮게 살아가는 것도 없다
그저 제 입의 크기대로 구멍을 파고
물 들어오면 들어오는 물 받아들이고
물 나가면 물 나간 허공을 받아들이며
뻘의 주인을 기다리는 중이다
층층 반짝이는 햇빛의 무게를 보니
아무래도 내 생에 뻘의 주인은 못 찾겠다

관棺

관 속에 들어간 사람은 관 밖으로 나오지 못한다
관은 관 뚜껑에 못질을 하기 전까지 관이 아니다
그래서 살아 있는 사람은 관 속에 들어갈 수가 없다
관은 이승에 머무른 삶의 시간을 묶어 놓고
고통이란 고통은 모두 포박해 간다
아픔이란 아픔은 모두 결박해 간다
관은 죽은 나무가 죽은 사람을 업고
속절없이 넋두리를 하는 시간이다
관은 죽으면 누구나 한번 받아야 하는
마지막 선물이다

그늘의 수업

그늘의 수업은 인내의 시간이다
밝은 빛들이 몸속에 숨은 어둠을
몸 밖으로 꺼내야 하기 때문이다
숙련된 빛은 쉽게 그늘을 꺼낼 수 있지만
쉽게 그늘을 꺼낼 수 없는 허기진 빛들은
그늘의 비밀을 풀지 못한다

그늘의 수업은 비밀을 푸는 시간이다
산은 산의 그늘을 만들어야 하고
강은 강의 그늘을 만들어야 하고
구름은 구름의 그늘을 만들어야 한다
제 몸의 크기를 모르는 것들은
그늘을 만들지 못한다

그늘의 수업은 빛을 분해하는 시간이다
빛의 깊이를 모르면
그늘의 깊이를 모른다
빛의 길이를 모르면
그늘의 길이를 모른다

모래시계

모래가 쏟아지는데
두말 않고 모래가 쏟아지는데
그 시간이 딱 5분!

슬픔이 어떤 것인지 모르는 사람
슬픔을 헤아려 보라는 듯,
기쁨이 어떤 것인지 모르는 사람
기쁨을 헤아려 보라는 것이다

내 생을 뒤집으면
딱 5분!
말미의 시간을 주겠다는
말 같다

아부阿附의 기본

엉덩이 뒤로 쭉 빼고 주인에게 꼬리부터 흔든다
눈은 똑바로 쳐다보지 말고 고개를 반쯤 숙인다
대답은 일단 네, 네, 네, 읊조린다
아파도 아픔을 드러내지 않아야 한다
100미터 전부터 뛰어가 꾸벅꾸벅 인사를 해야 한다
밤낮이 바뀌어도 주인의 그림자를 놓치면 안 된다
비 오는 날 주인의 몸을 젖게 해서도 안 된다
차는 먼저 내리고 늦게 타야 한다
보여도 안 보고 들려도 안 들어야 한다
파리 목숨처럼 여겨도 항상 웃는다
옳고 그름에 주석을 달아서는 안 된다

정신이 모자라다

가끔 지체 장애우를 만나고 있으면
빈정대며 지나가는 사람들을 본다
'정신이 모자란 것 같아'
한마디씩 툭 던지고 간다
내게 하는 말 같다
한마디씩 던지고 가는 사람들 눈에는
어떻게 모자란 정신을 바라보는지 모르겠다
걸음이 뒤뚱거리고 몸을 비비 꼬고 손을 엉거주춤 흔들면
정신이 모자란 것인가?
온전한 정신은 어떤 모습일까
해, 달, 구름, 별, 꽃, 돌, 나무, 닭, 개, 염소, 고양이…
아무리 많은 것을 생각해봐도 정신이 모자란 나는
온전한 정신을 구분할 수가 없다
정신이 모자라다고 말을 하고 가는 사람들은
슬프면 웃을까 기쁘면 울까
정신이 모자라지 않으니 가능할 것이다
모자란 정신을 채우기 위해 숲에 가고
모자란 정신을 채우기 위해 강에 간다
숲 같은 정신, 강물 같은 정신
하늘은 어떻게 매일매일 정신을 채워 놓을까

코로나 19 세상,

60년을 살아도 문자 한번 없는 친구에 비하면
코로나 19 때문에 하루에 몇 번이나
나도 모르는 사람한테서
생활 속, 거리두기 손 씻기 등을 하라는 문자를 받는다
친절한 금자 씨가 아니라 친절한 코로나 예방 안내다
내가 살았는지 죽었는지 궁금하지도 않은 세상에
매일 아침 점심 저녁 수시로 문자가 온다
서울 광화문 집회를 다녀온 사람은 검사를 반듯이 받으란다
마스크는 꼭 쓰고 다니란다
내게 이렇게 관심을 주는 이는 요, 근래에 아무도 없었다
이제 얼굴도 내밀만 하고 손도 잡아보고 싶은 시간이 되었는데
그런 말은 쏙 빼고 매일 똑같은 문자만 반복해 보낸다
보통 사람은 한 달에 문자를 열 번 이상 보내면
그래 커피나 한잔 하자고 마음을 보여줄 것인데

코로나 19 세상에, 안내 문자를 보내는 이는
목적어 몇 개 달랑 적어 보내면 끝이지만
마음이 차갑다고 해야 하나, 아니면 너무 뜨겁다고 해야 하나
다른 말은 모두 생략하고
생활방역을 충실히 지키라고 말한다
아무튼 난 요즘 내가 살아 있다는 느낌을 확실히 받는다

어떤 의미

돌이 가볍다면 그 돌은 돌이 아닐 것이다
물이 흐르지 않는다면 그 물은 물이 아닐 것이다
불이 뜨겁지 않다면 그 불은 불이 아닐 것이다
세상에 의미가 없는 이름은 하나도 없다
죽음이 빛나는 것은 악惡의 근원을 끊어주기 때문이다
삶이 빛나는 것은 또 다른 시작을 알리기 때문이다

내게
돌의 시간과
물의 시간과
불의 시간이
내 몸에 흐르지 않다면
내가 살아 있다는 의미가
모두 사라진 것이다

덩굴장미를 보며

나는 내 생을 허공에 꽁꽁 묶고
아름답게 꽃을 피우겠다고
열 번 스무 번도 더, 네 등을 밟았다
겨우 한 철, 꽃의 기운에 힘입어
목숨은 부지하고 살았지만
지나고 보니, 너를 밟은 내 몸
그 발자국이 모두 가시투성이다
너는 괜찮다고 하지만
아름다웠다고 말하지만
삶은 다 그렇다고 말하지만
나는 너를 징검다리 삼아
허공에 무럭무럭 꽃을 피우고
내 세상을 이루겠노라 말해왔다
저 돌의 침묵을 이제야 알겠다
가시 하나 없이 침묵의 꽃 피우니
돌, 네가 가장 아름다운 꽃이다

붉은 혀

선운사 대웅전 마당에
붉은 혀 내밀고
키득키득 웃는 배롱나무가 있다
천년 동안 말 한마디 하지 않은
대웅전 부처님께
삼배도 모자라 백팔 배를 하러
해마다 찾아오는 모습을 보고
붉은 혀 쏙 내밀고 키득키득 웃는다
배롱나무 너른 마당에 홀로 서서
밥을 얻어먹고 사는 방법이다
땅에 심은 나무라 하여
공으로 밥 먹고 산다고 생각하지만
붉은 혀 내밀고 목탁소리에 맞춰
흔들흔들 사는 것 쉽지 않다
꽃잎은 꽃잎대로
나뭇잎은 나뭇잎대로
쓸고 닦는 스님에게 계시啓示도 내려야 하고
절을 하고 돌아가는 보살에겐
붉은 웃음을 보여야 한다
스님이 염불로 밥 먹을 때

배롱나무는 붉은 혀 꽃피워
밥 먹고 산다

소쩍새 소리가 뚝 끊겼다

내가 사는 치악산 국형사 밑 아파트에는
20년 전 처음 이사를 왔을 땐
소쩍새 울음이 눈앞에 있는 듯 들렸었다
그런데 지금은 어디로 떠나갔는지
오토바이 폭주족 소리만 요란하다
혁신도시를 만들더니
외곽 도로를 만들더니
소쩍새 울음이 뚝 끊기고 사라졌다
사람의 불빛이 두 눈을 봉하기 전에
울음의 그늘을 그대로 두고 떠난 것이다
사람이야 밥 벌어먹기 위해서
도시로, 도시로 몰려오는데
치명적인 것은 그 도시를 만들며
사라지는 것들이 너무나 많다
내 詩에서도 소쩍소쩍 솥 적다는
소쩍새 소리가 뚝 끊겼다

봄

바람이 달리니
풀들이 달린다

풀들이 달리니
나무가 달린다

산과 들, 어디서나
달리기 중이다

무수한 세월과 달리기하던 영희 할머니
무릎관절 수술하러 가는 날

행구동 느티나무
가치 집 하나, 세 들인다

나는 시간을 먹는 돼지다

내가 먹은 시간, 몇 트럭의 무게가 될 것이다
밥을 먹었다고 착각하지만 시간을 먹은 것이다
너무나 많이 먹어 너무나 통통한 시간
아직까지 살육되지 않고 살육되기를 기다린다
그래서 이제 나는 시간을 먹지 않기로 했다
먹은 시간도 다 토해낼 수 있다면 토해내겠다
하느님이나 부처님이 수없이 농락당한 시간,
스무 살의 시간을 나는 기억하면서 살지만
스무 살의 시간은 나를 산산이 분해시켰다
어둠의 살도 앞다리에 찌우고
햇빛의 살도 뒷다리에 찌우며
시간의 밥을 먹어왔는데
시간의 밥이 얼마 남아 있지 않다는 통보를 받았다
새는 겨우 몇 년의 시간을 먹고 사라졌고
풀은 1년도 채 시간을 먹지 못하고 죽었다
시간을 먹고 시간의 씨를 남기기 위해
천년 느티나무는 반짝반짝 영혼을 팔고 있다
우연은 통째로 시간을 끌어안고
돼지처럼 시간을 먹고 사는 나를 흘겨본다
너 죽을 때 다 됐다는 투다

숲, 나무들

 나무는 얼마나 큰 죄를 지었기에 땅에 발을 묶고 사는가
　사람의 죄로 치자면 종신형을 살고 있는 것이다
　반은 땅에 묶고 반은 허공에 묶고
　날마다 바람의 부축을 받으며 살아간다
　억울하다는 생각, 수없이 많이 한다
　실패한 삶이 있다면 나무처럼 살아가는 삶이겠지만
　오래오래 살아가는 것으로 발 묶여 산다
　산불이 몇 날 며칠 숲을 불태우고 있을 때
　나무는 한 발도 뒤로 물러서지 않는다
　이미 땅속 천 리에 숨긴 마음이 있기에
　제 몸을 불태워 사라지는 것이다
　땅속 천 리에 마음을 숨길 수 없다면
　뼈 있는 삶, 좋아하지 마라
　나무는 땅을 딛고 서 있는 고통만큼
　더 높이 허공을 올려다본다
　바람의 자유를 무한정 복사해 낸다

4부

똑, 똑, 누구십니까

똑, 똑, 누구십니까

나, 내 삶의 문을 두드리며 묻는다
똑, 똑, 두드리면 들리는 답,
'누구십니까'

누구시냐고 묻는데 누구라고 답하지 못한다
답하지 못하니 내가 내가 아니다
꿔다 놓은 보릿자루 같다

수평선만 내 몸에 그어져 있다
똑, 똑, 문 두드려 답하지 못하니
그 거리가 아득함으로 남는다

똑, 똑, 누구십니까? 물으면
'임영석입니다'
언제 자신 있게 답하고 살까

복권

죽은 동생의 지갑을 보니 복권 한 장이 있다
제 몸 화장하는 날, 당첨을 한다
살고자 했던 마지막 끈처럼 접혀 있다
삶의 빚, 두툼히 되돌려 주려고
복권을 샀을 것이다
죽은 동생의 지갑에 든
복권을 바라보니 서글퍼진다
당첨도 안 되는 복권을 들고
좋아라 좋아라 꿈꾸었던 시간,
얼마나 많은 행복을 꿈꾸었을까
얼마나 많은 노래를 불렀을까
그 행복한 마음으로 떠나거라
더는 이 세상 뒤돌아보지 마라
네가 꿈꾸며 살고자 했던 이 세상
복권이 당첨되기를 기다리는 세상이다
저세상에서는 복권이 없이도
행복했으면 좋겠다

참 많이 울었다

어머니 돌아가시고 목이 쉬어라 울었고
큰형이 돌아가시고 또 그렇게 울었고
동생이 떠나가는 날, 입 꾹 다물고 울었다
울고울고 울어서 사라진 얼굴들
하나하나 꺼내 다시 본다
꽃 피는 날, 꽃처럼 바라보고
바람 부는 날, 바람처럼 바라보고
햇빛 쨍쨍한 날 햇빛처럼 바라보며
참 많이 울었다

내 가슴에 쌓인 울음
내 가슴에 강이 되었다

돌도 버럭 한다

밭모퉁이에 박힌 모난 돌, 그 돌을 빼내려고 지렛대와 삽
그리고 갖은 방법을 동원해 빼내려 했지만 허사였다
성질 같아서는 대포를 쏘아 박살 내고 싶었지만
힘이 모자라다 보니, 곤두선 성질도 수그러들고 만다
큰 해머를 들고 몇 번 내리쳐 보았다
퉁퉁 튕기며, 있는 성질 없는 성질 다 부리며 버럭 화를 낸다
손끝이 저려와 더 내리칠 엄두가 나지 않아 포기하고 나니
'이 자리는 내 자리야'라고 돌이 고함을 친다
내가 그 자리를 억지로 빼앗으려 했으니 버럭 하는 것이다
그래 그냥 그 돌 그대로 놓고 내 앉아 쉬는 의자를 삼았다
그렇게 돌이 버럭 하는 화를 달랬다

무당벌레를 잡아 놓고

밭에서 풀을 매다 보면 무당벌레를 만난다
심심하고 지루한 터에 무당벌레를 손바닥에 올려놓고
꼼지락거리는 발가락을 본다
나 아기였을 때 이랬을 것이다
꼼지락꼼지락 발 동동거리며
허공을 내리 찼을 것이다
지금 이 무당벌레는 내 포로다
힘없고 가난한 줄만 알았던 내가
무당벌레를 잡아 놓고
장난을 치는 폭군이 되어 있다
내 횡포에 무당벌레는 두려웠을 것이다
그러고 보니 난 시를 쓰는 시인이 아니라
무당벌레를 잡아 놓고 장난을 치는
악질 범죄자다
세상 평화가 이렇게 힘들다

내 눈에 눈물이 마르면

내 눈에 눈물이 마르면
내 가슴의 불은 어떻게 끄나

내 눈에 눈물이 마르면
내 마음 그리움은 어떻게 지우나

내 눈에 눈물이 마르면
내 마음 사랑은 언제 싹트나

페이스메이커

마라톤 경기에서만 페이스메이커가 있는 건 아니다
철새들 날아가는 다큐멘터리를 보면
맨 앞에 서고 맨 뒤에 서서 날아가는 새들은
힘이 좋고 경험이 많은 새들이다
가운데 날아가는 새들은 나이가 어리거나
몸이 아픈 새들이 무리에서 떨어지지 않게
서로서로 페이스메이커를 해주며 날아간다
각 가정의 집에서도 가장家長들은 페이스메이커다
페이스메이커는 무작정 앞으로 달려가는 것이 아니다
길의 방향을 알려줘야 하고 달리는 속도를 지켜
제시간에 목표점을 향해 도착하게 해야 한다
나를 있게 한 어머니 아버지
내 페이스메이커였다
나 또한 내 아들의 페이스메이커였는데
똑바로 달려왔는지 모르겠다

복부비만 腹部肥滿

내 복부비만의 반은 게으름의 탓이고
나머지 반은 엉덩이가 무거운 탓이다
집 앞의 자목련 한 그루 한자리에서
수십 년을 살아도 꽃만 잘 피우고
앉은뱅이 개나리, 한 발자국 옮기지 않아도
봄이면 개나리꽃만 잘 피워 살아간다
여름철 먹구름, 아무리 많은 비를 몰고 와도
제 걸음에 숨을 몰아쉬는 일이 없는데
요즘 건강관리를 한답시고 걸으면 걸을수록
내가 몰아쉬는 숨소리가 다르다
세월이 흐른 탓도 있겠지만
이 악물고 악착같이 살았던 때를 생각하면
나는 요즘 너무나 게으른 거다
그 게으름 버리려고 걷는데
버려지지 않는다

내 안경,

내 안경 속에는 많은 것들이 숨어 있다
나만 바라보는 모습이라 다른 사람은 안 보인다
소나무처럼 잎을 뾰족이 펴고 사는 사람
떡갈나무처럼 잎을 넓게 펴고 사는 사람
다람쥐처럼 늘 부산하게 먹이를 나르는 사람
귀뚜라미처럼 늘 노래만 하는 사람
그 사람들이 들어가 숨어 있다
내 안경은 언제부터인지
내가 보고자 하는 것은 안 보이고
아프리카 난민이 보이고
산불에 타들어 가는 나무들이 보이고
북극의 빙하가 녹는 것만 보인다
시력이 떨어져 그런가 싶어 검사를 해도
시력에는 아무 문제가 없다
너무 텔레비전을 많이 봐 그런가 싶은데
내 안경은 내 생각만 바라다보고 있다
요즘 나는 내 안경에 잡혀 산다

울음이 붉다

진달래꽃 필 때 떠나가는 사람은
그 울음도 붉다
그러니, 잊을 수가 없다

매화꽃 곱게 필 때 떠나가는 사람은
그 울음도 맑다
그러니, 그 사람도 잊을 수 없다

소나기 퍼붓는 여름에 떠나가는 사람은
그 울음도 황톳물 같다
그러니, 내 마음 붉은 강이 되어 있다

너를 잊으려 흘러가는데
지는 노을에
붉은 울음을 또 삼킨다

해는 늘 수평선 너머에서 뜬다

바다는 수평선을 그어 놓고 어떠한 일이 있어도
수평선 너머에서 해가 떠오르게 만든다
수평선이 짧으면 해가 빨리 떠오르고
수평선이 길면 해가 늦게 떠오른다
동서남북 어디에서 보아도 해는 둥글다
둥근 해가 떠오르게 하는 것, 수평선이 할 일이다
화살의 시위를 당기듯 수평선을 당겨
해를 밀어 올린 수평선의 떨림, 그 파문이
백사장 모래 위에 와 멈추는 것이다
사랑하는 일도 마찬가지다
사랑의 수평선이 없다면 해는 뜨지 않는다
세상의 수많은 등고선,
해를 밀어 올린 수평선의 몸부림이다
바닷가 절벽에 와 부딪히는 파도의 물보라
다시 수평선 끝으로 돌아가
내일의 해가 떠오도록 밀어 올리겠다는 다짐들이다

한 사람 뒤, 그 옆

　내가 아는 사람은 지금 한 사람 뒤, 그 옆에 서 있다
　어디로 떠나는지는 알 수 없으나 지금 그는 시간을 뒤적거리며
　한 사람 앞, 그 옆에 서 있는 나를 바라보지 못했다
　그는 지금 그의 삶에서 나를 기억할 시간이 없고
　나는 지금 나의 삶에서 그를 기억할 시간이 있다는 것이다
　내 기억이라는 통유리 속에는 내가 갇혀 있다는 것이고
　그의 기억이라는 통유리 속에는 그는 이미 통유리 밖이라는 것이다
　나는 지금까지 많은 줄을 서서 기다렸던 기억들이 떠오른다
　낯선 땅에서 비행기를 타기 위해 긴 줄을 서야 했고
　낯선 사람과 그 긴 줄의 끈을 만들었지만
　목적지에 도착해 마음의 짐을 풀면 모두 각기 떠나는
　모래알 같은 모습이라는 것이다
　내가 아는 사랑이라는 기억도 그렇다
　처음에는 죽자 살자 콘크리트처럼 굳게 굳어졌지만
　이별을 통보받는 순간 서로가 서로를 부식시키기가 바쁘다

아마 그래서 지금 한 사람 뒤 그 옆에 서 있는 당신이
 나를 바라보지 못하는 이유인지도 모른다
 우리는 산산이 부식되어 더는 달라붙지 않는
 녹슨 몸이 되어 있기 때문에 한 사람 뒤 그 옆에 있는 것이다
 앞뒤 또는 옆에 있다면 우리의 몸은 부식되지 않았을 것이다
 오래 만나지 않으면, 오래 기억하지 않으면
 어떤 용접으로 이어 붙여도 부식된 그 자리가
 금세 새로운 누수를 가져와 더 많은 곳을 부식시킬 것이다

귀뚜라미는 울음소리가 커야 힘이 세다

가을밤, 귀뚜라미가 결사적으로 울고 있는 이유가 있다
겉으로 보기엔 그 소리가 그 소리 같지만
힘이 센 귀뚜라미는 센 힘으로 제 울음통을 울려서
울음바다를 깊이깊이 만들어야
제 짝의 마음을 얻는다

귀뚜라미의 울음 속에는
힘센 사자의 눈빛이 가득 들어 있어야 한다
하룻밤 사이 수백 킬로를 오고 가며 먹잇감을 물어다 주는
용맹함이 깃들어 있어야
제 짝의 마음이 움직인다

귀뚜라미에게 울음소리는
어떤 무리도 다 이겨낸다는 힘의 표시다
시인은 그 소리를 서정의 깊이로 읽지만
숨죽여 듣는 어둠은
그것이 사랑의 고백이라는 것을 다 안다

보이지 않지만, 힘센 소리로
다가서게 만든다

청옥산의 안개

청옥산 육백 마지기 산길을
안개가 모두 잡아먹었다
꿈틀꿈틀 굽어 있는 산길을 모두 삼키고
눈앞의 풍경을 조금 보여줄 뿐이다
육백 마지기 넓은 땅이 다 안개 밭인데
주인이 누구인지 분명하지가 않다
바람은 하늘과 땅의 경계를 허물고
가까이 다가가도 모르는 안개 숲을 만들 뿐이다
어릴 적 목화를 하루 종일 소쿠리에 딴 적이 있다
아무리 따서 따서 펴 놔도 얼마 되지 않았다
청옥산 안개는 육백 마지기 밭을 다 덮어
하늘까지 덮어 놓았다
목화솜 부피로 치면 몇 백 년 농사를 지어야
이 청옥산 안개를 따라갈 것이다
뱀처럼 굽은 산길을 따라 올라와
더는 오도 가도 못하게 만들어 놓아도
이 안개 숲에서도 사랑은 뜨겁게 익고 있다

벌은 게으른 사람은 쏘지 않는다

아무 일 하지 않으면 아무 일이 일어나지 않는다
숲을 헤쳐나가려면 가시덤불을 이겨내야 한다
내 머리를 깎듯 부모님 산소를 깎으러 다니는데
외래식물 풀꽃이 피기 전에 잘라낼 욕심으로
예초기를 메고 외래식물 풀을 깎다가 땅벌 집을 밟았다
장화를 신었어도 무릎에 허벅지, 팔목에 벌이 붙어
줄행랑치듯 도망가서 내 몸을 보니
땅벌은 나를 이미 초토화 시켜 놓았다
가까운 병원을 찾아가 벌에 쏘였다고 말하니
의사 선생님 말씀이 가관이다
'벌은 게으른 사람은 쏘지 않는다
벌집 가까이 다가가는 사람만 쏜다'라는 것이다
일리 있는 말씀이지만 한편으로는
나를 쏜 벌은 목숨을 잃었다는 것이다
돈 주고 봉침도 맞는데 이대로 잘 참아내면
벌은 게으른 사람을 쏘지 않는 게 아니라
벌집을 건드린 사람에게만 봉침蜂針을 놔 준다는 것이다

5부

받아쓰기

고래 발자국

시간을 거슬러 올라갈 수 있다면
고래들의 발자국을 보고 싶다
고래가 발을 버리고 왜 지느러미를 갖게 되었는지
무슨 아픔이 있어 바다로 몸을 숨겼는지
발자국을 보면 그 의문이 풀릴 것만 같다
새끼를 낳고 젖을 물리는 고래들의 발자국을
고고학자들은 왜 아무도 찾지 않을까
바닷속 어딘가는 두 발로 혹은 네 발로 걷던
발자국 무덤들이 가득히 있을 것인데
수천 년 동안 고래 발자국을 본 사람은 아무도 없다
사람이 역사歷史를 발로 쓰고 다닐 때
고래들은 천 리 밖에서 들을 수 있는 소리를
바닷속 가득 풀어놓고 낙엽처럼 밟고 다녔을 것이다
그 발자국 따라 오늘도 새우 떼를 쫓을 것이다

* 2009년에 펴낸 시집 『고래 발자국』의 표제작

어둠을 묶어야 별이 뜬다

거미는 밤마다 어둠을 끌어다가
나뭇가지에 묶는다 하루 이틀
묶어 본 솜씨가 아니다 수천 년 동안
그렇게 어둠을 묶어 놓겠다고
거미줄을 풀어 나뭇가지에 묶는다
어둠이 무게를 이기지 못해 나뭇가지가 휘어져도
그 휘어진 나뭇가지에 어둠을 또 묶는다
묶인 어둠 속에서 별들이 떠오른다
거미가 어둠을 꽁꽁 묶어 놓아야
그 어둠 속으로 별들이 떠오르는 것이었다
거미가 수천 년 동안 어둠을 묶어 온 사연만큼
나뭇가지가 남쪽으로 늘어져 있는 사연이
궁금해졌다 무엇일까 생각해 보니
따뜻한 남쪽으로 별들이 떠오르게
너무 많은 어둠을 남쪽으로만 묶었던
거미의 습관 때문에 나무도 남쪽으로만
나뭇가지를 키워 왔는가보다 이젠 모든 것들이
혼자서도 어둠을 묶어 놓을 수 있는 것은
수천 년 동안 거미가 가르친
어둠을 묶는 법을 터득했기 때문이리라

거미는 어둠을 묶어야 별이 뜨는 것을
가장 먼저 알고 있었나보다

* 2006년에 펴낸 시집 『어둠을 묶어야 별이 뜬다』의 표제작

받아쓰기

내가 아무리 받아쓰기를 잘해도
그것은 상식의 선을 넘지 않는다
백일홍을 받아쓴다고
백일홍 꽃을 다 받아쓰는 것은 아니다
사랑을 받아쓴다고
사랑을 모두 받아쓰는 것은 아니다
받아쓴다는 것은
말을 그대로 따라 쓰는 것일 뿐,
나는 말의 참뜻을 받아쓰지 못한다
나무며 풀, 꽃들이 받아쓰는 햇빛의 말
각각 다르게 받아써도
저마다 똑같은 말만 받아쓰고 있다
만일, 선생님이 똑같은 말을 불러주고
아이들이 각각 다른 말을 받아쓴다면
선생님은 어떤 표정을 지을까
햇빛의 참말을 받아쓰는 나무며 풀, 꽃들을 보며
나이 오십에 나도 받아쓰기 공부를 다시 한다
환히 들여다보이는 말 말고
받침 하나 넣고 빼는 말 말고
모과나무가 받아쓴 모과 향처럼

살구나무가 받아쓴 살구 맛처럼
그런 말을 배워 받아쓰고 싶다

* 2016년에 펴낸 시집 『받아쓰기』의 표제작

가난론·5
- 빈 항아리를 보며

나는 빈 항아리를 보면 소금을 담아 놓고 싶다
우리들의 조상들이 눈물을 흘리며
진실하게 사는 동안
빈 항아리 속에
가난을 지혜로 이기는
하얀 마음을 담아 놓고
요즘 그 흔한 통조림보다도
부패되지 않는 맛을 냈는데
나는 빈 항아리 속에
고통을 담아 놓고 있다

누님은 나에게 詩를 쓴다고
詩를 팔아서 가난을 면한다면야
백 번 천 번 詩를 쓰라 하지만
詩가 힘이 될 수 있다면
진실하게 사는 것일 뿐,
진실하게 살고 싶어서
진실하게 살고 싶어서
나는 빈 항아리만 보면
소금을 담아 놓고 싶다

* 1992년에 펴낸 시집 『나는 빈 항아리를 보면 소금을 담아 놓고 싶다』의 표제작

편지 · 2
- 아내에게

二重 창문을 굳게 닫고
성냥匣 한 면에
오늘도 잉꼬 새가 앉아 있다
말짱한 날에도 이불을
뒤집어쓰고 詩를 쓰는 나를
슬쩍슬쩍 곁눈질하며 별수 없는
詩人의 동반자라는 罪로
담뱃불이나 붙여주고 있다
이마를 맞대고
행복한 노래를 불러야 할 시간에
성냥갑 한 면에 쭈그리고 앉아
무상의 행복을 주는 사랑의 노래가
담배연기만큼이나 짙게
나의 방에 배어 있다
이중 창문을 굳게 닫고
성냥갑 한 면에 앉아 있는
잉꼬 새를 바라보는 아침
아지랭이 데불고
걷는 사람아

* 1987년에 펴낸 시집 『이중 창문을 굳게 닫고』의 표제작

세월

잘 복원된 성벽을 따라 걸었다
군데군데 희끗희끗 새로운 돌이
충치가 먹어 새로 갈아 끼운 이빨처럼
성벽의 돌을 받쳐주고 있다
이끼 낀 돌은 방패처럼 오래 서서
필사적인 무게를 지탱해 왔지만
침묵 외에는 아무것도 보여주지 않는다
바람의 말도, 햇빛의 말도
천둥번개 치는 소리도
무슨 금서禁書라도 되는지
사각의 혀를 굳게 깨물고 있다
더는 세월에 대해 묻지 않겠다
세월이 듣는다고 들리는 것도 아니고
눈으로 본다고 보이는 것도 아닌데
괜히, 역사의 한 면을 세월이라고 생각한다

나는 너를 어떻게 잊어야 할지 모르겠다
- 먼저 세상을 떠난 동생에게

두 눈을 꼭 감고
무엇을 바라보고 싶었느냐
무엇을 생각하고 싶었느냐

나는 지금
너를 어떻게 잊어야 할지 모르겠다

부모님 곁으로 갔다고 생각할까
큰형님 곁으로 갔다고 생각할까
아니면 내가 미워서 떠났다고 생각할까
어떤 말도 생각나지 않는다

내 살아 있는 한
네가 묻힌 고향땅에 찾아가
너를 잊고 떠나갈 방법을 생각하겠다

돌 같은 숙제를 줬으니
물 같은 숙제를 줬으니
나는 너를 어떻게 잊어야 할지 모르겠다

책

내가 열 몇 살 때 읽은 책들은
나보다 나이가 많다
늙은 책들은 손을 대면 바삭바삭
비늘처럼 떨어져 나간다
새 책은 날이 바짝 서서
무엇이라도 싹둑 자를 것 같은데
오래된 책은 모서리가 둥글게
허물없이 내 손을 받아준다
지하 셋방살이부터
40년을 넘게 끌고 다니며
내 허기를 채워주던 책들이
제 삶의 바퀴를 내려놓고 있다
너덜너덜 읽을 수 없는 책들은
버리라고 말하지만
너덜너덜해질 때까지 읽었던 것을
나는 버릴 수가 없다
내 마음 저렇게 너덜너덜
가난했다는 것이다
내 마음을 채워주면서
제 몸 다 망가진 책들
지난 내 삶의 걸음들이다

책가방

내가 중학교에 들어가고 책가방이 무겁다고
어머니는 버스 타는 신작로까지 틈틈이 들어다 주셨다
검은 운동화에 교복을 입으면
같은 친구들보다 꼭 반 뼘은 작았다
돈이 없어 읽고 싶은 책을 빌려보다가
그만 깜박 책가방에 넣어 두면
학생부 선생님의 책가방 검사에 꼭 걸렸다
그나마 빌린 책이라 빼앗기지는 않았지만
도시락도 넣어야 하고, 빌린 소설책도 넣어야 하고
교과서도 넣어야 하고 참고서를 넣고 다니다 보니
책가방 끈이 수시로 끊어졌다
그 끈을 어머니는 바늘로 촘촘히 꿰매 주셨다
좋은 책가방 못 사줘 미안해하던 어머니께
내 평생 만 권의 책을 읽고 싶다고 하자
어머니는 빙그레 웃으셨다
지금 나는 그 약속의 몇 배를 지켰는지 모르지만
어머니가 꿰매준 책가방이 없었다면
장사꾼이나 도둑놈이 되었을 것이다
어머니가 책가방 끈을 꿰매고 계실 때

만 권의 책을 읽겠다던 약속한 대로
나는 시 쓰는 시인이 되어 어머니처럼
내 마음을 촘촘히 꿰매고 있다

新술타령

이 술 한 잔을 입에 넣고 술! 술! 술! 마셔보자
쓰다면 보약이고 달다면 명약이니, 근심 걱정을 버리거라
만 달萬月을 채운 산삼도, 그걸 캐면 무엇하냐
입에 집어넣고 오물오물 씹어야 보약이지
좋다고 바라본들 무슨 만병이 낳겠느냐
만달 산삼에 버금가는 국화주를 마셔보면
무릉도원 돌고 돌아 쏟아지는 폭포 같다

이 술 한 잔을 입에 넣고 술! 술! 술! 마셔보자
소금처럼 짜다 하면 인심 좀 풀어 넣고
물처럼 싱겁다면 사랑 좀 베풀면서 이 세상을 살라는 거다
가시밭길 험하다고, 모래밭길 빠진다고
해와 달이 비껴가더냐 해와 달이 숨어가더냐
情이 情을 채워주는 더덕주를 마셔보면
무섭다고 도망치던 세상길도 꽃밭처럼 보인다

이 술 한 잔을 입에 넣고 술! 술! 술! 마셔보자
임 없다고 서럽다면 이 술잔이 임이 되고

돈 없다고 서럽다면 이 술잔이 돈이 되니
어제를 원망 마라 내일을 걱정 마라
죽고 사는 문제라면 하늘의 뜻 아니더냐
걱정은 버리고 사랑은 품으라는 두견주를 마셔보면
내일이 저승이라 해도 무섭지가 않고나

난, 오늘은 바쁘고 내일은 한가하다

만난 지도 오래되고 해서 언제 시간 되면 차나 한잔하자고
아는 시인에게 문자를 넣었다 돌아오는 대답, 시원했다
며칠 지나, 붓글씨 학원에서 붓글씨 연습을 하고 있는데
문자가 왔다 오후에 시간 되면 만나자고,
오후에 반계리 은행나무 보러 간다고 내일 보자고 답하자
내일은 자기가 바쁘다고 다음에 보자고 한다
그러마 답을 하고서 반계리 은행나무를 보러 갔다
내가 스승으로 모시는 치악산과 섬강,
반계리 은행나무는 사시사철 꼭 한 번씩 찾아가 본다
함께 갈 사람이 있어서 약속을 하지 않았지만
함께 갈 사람이 없어도 나는 불같은 약속은 안 한다
내일이 왜 있는가
불같은 마음 식히며 살라고 있는 것 아닌가
죽는 일 아닌데 무엇이 그리 급한가
난 오늘은 항상 약속이 있어 약속을 안 한다
되도록 빈둥거리는 내일 만나자고 말한다
오늘은 나도 나무며 풀, 바람을 만나
다정하게 동무하고 지내야 한다

풍경을 그리다

산 그림자 하나 짙어졌을 뿐인데
강의 허리가 휘었다

강은
휜 허리로 노을을 지고 간다

산이 깊으니
하루해가 짧다

기러기가 짧은 하루를
몽당 빗자루처럼 쓸고 간다

징검다리 같은 별,
압정처럼 박혀 있다

바람의 가족史

바람도 가족이 있다
채송화꽃 필 때 채송화꽃 같은 바람,
소쩍새가 울 때 소쩍새 울음 같은 바람,
먹구름 불어올 때 먹구름 같은 바람,
바람의 가족들이 바람으로 살아가는 모습들이다
제 몸 송두리째 내주어야 자라는 동충하초처럼
한 생의 몸을 더듬어 자라지만
바람은 한 곳에 뿌리를 내려 살지는 않는다
하여 어물전 꼴뚜기처럼 보이기도 하지만
소가 머물면 소똥이 넘치듯 개가 머물면
개똥이 넘치듯 바람이 머물면
바람의 소리가 넘쳐난다
루사, 셀마, 매미, 에위니아, 사라 같은 태풍은
바람난 모습이 무엇인지를 잘 보여준 것이다
바람의 가족도 제 성질이 다 달라
혁명을 좋아하는 놈이 따로 있고
평화를 좋아하는 놈이 따로 있다
그리고 분노를 참지 못하는 놈이 있고
바람만 피우고 다니는 놈이 따로 있다
하늘은 바람의 가족을
수족으로 삼아 세상을 다스릴 뿐이다

부지깽이 같은 삶

세월이 지나면 세상이 좋아지겠지 생각하며 살았다
친구들 대학 갈 때 공장에 취직해 돈부터 벌었다
방 하나에 부엌 하나, 지하방에서 행복을 꿈꾸며 살았다
그 모두를 추억이라 생각하며 살았다
그 모두를 젊어 사서 하는 고생이라 생각하며 살았다
내 나이 육십, 부지깽이 같은 삶, 육신이 다 탔다
쌍화차에 동동 떠 있는 잣알처럼
찻잔에 흔들흔들 흔들렸던 세월
맥문동이 뿌리처럼 꽃줄기 하나 밀어 올리며 살았다
맨몸에 불 지르며 부지깽이처럼 살았던 세월
세상의 어둠이 돌보다 단단하다는 것을 알았고
별빛이 아니면 어둠을 뚫을 수 없다는 것도 알았다
내 눈물에 젖은 서러움만 모아도 두어 섬은 될 것이다
석 달 열흘 불에 타서 다 닳은 부지깽이처럼
내 몸은 짧은 나무토막이 되어 있지만
한 획은 긋고 사라지겠다는 각오로 산다

꽃이 열쇠다

꽁꽁 얼어붙은 땅
언제 녹을까 기다리는데
제비꽃 피더니
다 녹더라

꽁꽁 얼어붙은 시냇물
언제 녹을까 기다리는데
버드나무 강아지 눈을 뜨니
다 녹더라

꽁꽁 언 땅을 녹이는 데는
꽃이 열쇠다
그 꽃 피우려고
해가 뜬다

돌

돌은 돌보다 더 단단한 세월을 견뎠다
제 속을 한 번 드러낸 일도 없고
깨질까 두려워 고개를 돌린 적도 없다
한 뼘 거리 너를 만나기 위해
한평생 뒹굴었지만
그만 발에 차여 더 멀어져가도
그냥 꾹 참고 만다
한 번은 때를 노리는 거다
그래서 단단한 거다

■□ 해설

마음은 마음을 쓰는 것이다.

최종천(시인)

　우리는 정서적으로 상습적으로 그냥 시를 쓰는 일을 시를 쓴다고 표현한다. 그러나 시를 쓰는 것은 정작 마음을 쓰는 일이 아니고 무엇인가? 마음이란 그냥 마음이 되지 않는 것이다. 마음은 그 마음을 써야만 비로소 마음이 되는 것이다. 데카르트의 정신과 몸의 이원론의 진실은 몸과 마음에 연속성이 없다는 것이다. 그가 이런 주장을 하게 된 데는 방법적 회의 끝에 이르러 마음이나 정신을 모호한 개념으로 추방한 데 따른 것이었다. 그는 몸과 마음의 연결고리를 찾기를 원했는데. 고안해 낸 것이 두뇌 속의 "송과선"이라는 것이었다. 그러니까 송과선은 몸과 마음의 연결 고리로서 물적 증거인 것이다. 데카르트의 이원론은 이렇게 형이상학과 유물론의 두 얼굴을 한 철학이 되었다. 그는 왜? 인간에 집중하지 않았을까? 몸과 마음으로 되어 있는 인간을?

마음이란?
1. 마음이란 마음을 쓰는 것이다. 마음이란 마음을 써야 마음이 되는 것이다.
2. 마음을 쓰게 되면, 이제 마음은 사물(관념)이기를 그치고 사실이 된다.
3. 사실이 되면 논리의 대상이 된다.
4. 논리의 대상이 된다는 것은 즉, 형식을 하였다는 것이다.
5. 형식을 하고 있다는 것은 타자와 접촉 된다는 것이다.
6. 인간은 형식이 없는 것에 닿을 수가 없다.
7. 인간과 논리는 구분되지 않으며, 인간이 곧 논리이고, 논리가 곧 인간이다.
8. 우리 인간은 감정이나 마음을 쓸 때 논리적으로 쓴다.

이렇게 마음은 몸을 통하여 외부로 표현되었을 때 비로소 마음이 되는 것이다. 우리 인간은 나타난 사실

만을 인정하고 받아들인다. 이 사실주의가 리얼리즘이다. 리얼리즘은 그래서 인간의 이러한 본질과 관계를 맺고 있는 것이고, 때문에 리얼리즘은 다른 형식의 문학에 비하여 우월성을 지니고 있는 것이다.

  임영석 시인의 이번 시집은 그렇게 쓴 마음의 형식들을 보여주는 시편들이다. 그는 원주에서 오랫동안 알뜰살뜰한 노동자 생활로 기반을 다지고 지금은 배짱 편하게 살고 있는 시인이다. 이번 시들은 읽으면서 내내 재미가 있었다. 시인은 시를 내 몸에서 채굴된 것이라 한다. 앞의 설은 그 몸에 대하여 생각해 본 것이다.

  모든 시편들의 기저에는 오랫동안 노동자 생활을 해 온 사람답게, 뒤에 처져서 거리를 두고 사람살이의 처절함을 조롱, 해학, 풍자로 살풀이하고 있다.「아귀다툼」에서는 사람 사는 세상이 죽은 귀신 사는 세상과 다르지 않다고 하면서 먹을 것을 똑 같이 나누는 배분이 중요하다, 고 한다.「나, 이제부터 삐딱하게 살기로 했다」는 그 근거를 지구가 23.5도 기울어진 자연에서 가져온다. 지구는 23.5도 기울어져 있기 때문에 사계절이 있고 밀물과 썰물이 있는데, 그런 지구처럼

"그간 내가 바르게 살지 못한 것은/ 지구가 기울어 있는 만큼/ 내 몸을 기울어 살지 못했기 때문"이라고 한다.

  인간이 삐딱하게 살아야 하는 반박 불가한 근거를 이렇게 재미있게 들이대고 있다. 이 시는 액면 그 이상의 전복적 논리가 뒤에 있다. 세상을 바르게 살아야 한다는 것은 보편적인 윤리 법칙이다. 누구나 다 알고 있고, 인정하는 이 보편적인 삶의 법칙을 반박할 수 있는 논리를 창안하기는 쉽지 않다. 그러한 논리가 "기울어 있는 지구를 똑바로 세우고 살지 못할 바에야"인데 이 논리의 근거는 지구가 기울어져 있기 때문에 제대로 우주가 돌아가는 그것이다. 그것은 사계절이나 달과의 중력으로 인한 지구에서의 자연의 변화들이다. 이 자연의 변화는 그대로 자신이 살고 있는 세상과 자신의 삶의 조화를 말한다. 이러한 논리의 전복은 대게 농담이나 유머로 되는데, 기울어 있는 지구를 똑 바로 세우고 살지 못할 바에야 차라리 자신이 삐딱하게 살기로 했다는 것은 아주 좋은 유머이다. 시인들이 시를 읽으면서 유머와 농담으로 쓴 작품이 성공하는 경우를 본다. 이러한 성취는 명민한 정신을 가진 시인이 할 수가 있다.

「뉴스」에서는 도대체 언론 구실을 하지 못하는 대한민국의 뉴스를 호되게 비판하고 있다. 그러나 내가 읽기에 좋은 시는 "똥"이 나오는 시편들이다. 이 시편들에서는 인간의 처지가 똥에 비해 별로 좋을 게 없다고 표현된다.

「삶의 두께」는 화장실에서 똥을 싸며 풀어 쓰는 두루마리 화장지의 겹겹을 화장지의 나이테라고 하는 발상에서 시작된다. 화장지의 남아 있는 두께를 보고 자신의 남은 생의 두께를 생각하며 그 겹겹에 쌓인 인생사를 되새김질한 것이다.

"막 풀어 쓴 두루마리 화장지야 갈아 끼울 수 있지만/ 내 삶을 풀고 있는 그이, 그런 생각 안할 것이다."라고 한다. 이 말의 의미는 그러니까 화장지를 풀어주는 것은 화장지의 생을 살아주는 것이라는 것인가? 독자 누구든 화장실에서 볼일이 끝나고 화장지를 풀어주면서 시인과 같은 생각을 한다면 좀 처량해질 수 있다. 이는 도저한 해학이 아니면 무엇이겠는가? 인간의 덧없는 존재에 대한 우수와 연민을 직접적인 개념어로 말하지 않고 두루마리 화장지라는 대상물을 통하여 단순 명쾌하게 풀어낸 것은 재미있는 한편 좀 서글프기도 하다.

그런데 임영석 시인이 이렇게 큰 능력(?)을 발휘한 것은 그가 학력이 높아서가 아니라, 사물에 집중하고 관찰하는 것으로부터 얻어지는 그의 직관력 때문이다. 이 직관은 자연 사물에 대한 믿음과 사랑이 바탕이다. 그의 시가 언어를 과감하게 사용하고 있는 것도 자신의 삶에 같이하고 있는 사물에 대한 믿음이다. 인간의 정서와는 다르게 사물들의 관계는 논리적인 관계이다. 그것이 바로 물리적인 질서이다. 임영석 시인이 파고드는 것은 바로 이것이다. 「웃을 일」은 그러한 것을 극명하게 보여주고 있다.

"이 발은 훈아 발"/ 그러자 훈아는 연상인 지미 씨를 향해 반말을 할 수가 없어/ "이 발은 지미씨발"하자 쌍욕을 한다며 헤어졌다는 것이다.

지미씨와 발, 지미씨발과 지미씨, 어떻게 말하느냐에 따라 언어적/논리적 관계가 달라진다. 그러한 다름을 우리는 정서적 판단에 의해서도 안다. 따라서 그 때문에 헤어진 것이 아니라는 전제가 깔려 있다. 이 전제 위에서 이 시는 아주 재미있는 유머가 되면서 역설을 드러낸다. 이러한 시편들보다 더 훌륭한 시편들이 있다. 다음 시들의 직관적 논리와 그 논리를 적용하여 밀고 가는 두둑한 배짱을 보라!

밤이면/ 천태산 은행나무/ 어둠보다 더 어둡게 서서/ 개똥벌레 한 마리/ 몸속에 들인다.

-「하늘같은 나무」 부분

가을이 제 가슴에 한 줄 금을 긋는다/ 하고 싶은 말이 있더라도/ 더는 하지 말라는 신호다.

-「고인눈물」 부분

그늘의 수업은 인내의 시간이다/ 밝은 빛들이 몸속에 숨은 어둠을/ 몸 밖으로 꺼내야 하기 때문이다

-「그늘의 수업」 부분

바람이 달리니/ 풀들이 달린다// 풀들이 달리니/ 나무가 달린다// 산과 들 어디서나/ 달리기 중이다

-「봄」 부분

꽁꽁 얼어붙은 땅/ 언제 녹을까 기다리는데/ 제비꽃 피더니/ 다 녹더라

-「꽃이 열쇠다」 부분

모래가 쏟아지는데/ 두말 않고 모래가 쏟아지는데/

그 시간이 딱 5분!

— 「모래시계」 부분

　이런 시편들은 우선 형식이 분명하다. 이유는 사물들 간의 관계를 파악하여 그것을 이미지로 만들기 때문이다. 사물들 간의 관계란 물리적인 질서이다. 질서는 논리적인 것으로, 그러한 질서에 따르기 때문에 시의 형식이 분명하게 된 것이다. 임영석 시인이 보여주는 것은 사물의 형식들이다. 나무, 그늘, 꽃, 열쇠, 모래시계 등은 사물의 형식이다. 이 형식이 곧 몸이다. 우리가 시나 그림이나 음악을 통하여 사물을 표현할 때, 그 몸 즉, 형식을 표현하는 것이지 내용을 표현하는 것이 아니다. 내용을 직접적으로 표현할 수는 없다. 인간의 모든 표현은 형식이다. 예술에 있어서는 형식의 문제이지 내용의 문제가 아니다. 우리는 사실을 통하여 진실을 알 수가 있다. 때문에 형식이 분명한 이런 시를 시인의 정서에 따라 느낀 대로 서정을 펼쳐 놓게 되면 그런 시는 형식이 분명하지 않게 되고, 대신 내용이 전면에 노출되어 산문이 된다. 시를 대하는 태도는 세 가지 정도로 구별된다.

　1. 시를 취미와 교양의 차원으로 다루는 태도

2. 시를 철학의 차원으로 다루는 태도

3. 시를 예술의 차원으로 다루는 태도

 이 중에서 우리 문단은 1에 해당되는 시인들이 가장 많다. 그러한 시는 문학의 선사시대에 있었던 것이다. 지금은 이른바 '현대'이다. 예술에 있어서 우리는 단 하나의 현대성을 가지고 있다. 3의 경우에 해당하는 시인들은 한 쪽 손으로 꼽을 수 있다. 이들은 시가 처음부터 끝까지 허구라는 사실을 분명히 하고 시를 쓴다. 2에 해당하는 시인들이 상당수이고 이들이 형식과 내용의 실험을 하고 있다.

 분명한 것은 인간이 마음을 쓸 때, 그 대상이 사람보다 사물이라는 것이다. 인간은 대상 즉, 사물이 없다면 아무것도 아닌 존재이다. 인간의 인식이나 마음은 대상 사물에 우선 할 수가 없다. 대상 사물이 있고 나서야 인간의 인식이나 마음이 가능하다. 인간에게는 인간 그 자신마저도 하나의 대상으로 주어진다. 임영석 시인의 시 쓰기는 이러한 기본에 충실한 마음 쓰기이다.

 관 속에 들어간 사람은 관 밖으로 나오지 못한다/ 관은 관 뚜껑에 못질을 하기 전까지 관이 아니다/ 그래

서 살아있는 사람은 관 속에 들어 갈 수가 없다
　　　　　　　　　　　　　　　　-「관」 부분

　관을 죽음으로 바꾸어 말하게 되면 상당히 형이상학적인 표현이 될 것이다, 시인은 그러나 아예 처음부터 관을 보고 말하고 있는 것이다. 죽음 그 자체는 보이지 않고 죽은 주검만 보인다. 그러니까 죽음은 관과 같은 대상은 아닌 사물이다. 그보다는 차라리 뚜껑에 못을 박아야 죽음이 완성된다는 논조이다. 이 못질이 고통이란 고통은 모두, 아픔이란 아픔은 모두 결박해서 간다는 것이다.

　　그늘의 수업은 인내의 시간이다/ 밝은 빛들이 몸속
　에 숨은 어둠을/ 몸 밖으로 꺼내야 하기 때문이다.
　　　　　　　　　　　　　　-「그늘의 수업」 부분

　그늘은 몸속에 숨어 있는 어둠을 밖으로 꺼내는 일을 한다? 이에 대한 해명은 다음 두개의 연에 있다. 존재는 몸이 가진 그만큼의 그늘을 만들어야 한다는 것인데 자연 속에서 인간 존재의 왜소함을 생각하게 한다.

임영석 시인은 강원도 어떤 신문에 칼럼을 연재하기도 하고《한결추천시매일》멋진 블로그를 하기도 하는데, 그러한 영향의 비평적 분석의 시편들이 있다. 이런 시편들은 시인이 글을 쓸 수 있는 근거가 바로 사물들의 서로 다름에 있다는 것을 보여준다. 정서적으로 볼 때 사물은 서로 같아 보이지만, 논리적으로 보면 모든 사물은 다른 것이다.

> 아무개 문학상을 수상한 시인에게/ 그 상 친일에 앞장선 사람의 상이라고 말을 하자/ 자신은 친일에 가담한 그 사람의 행적보다는/ 그 시인의 시를 사랑하는 애독자란다
>
> －「애독자」부분

이렇게 정서적으로 사물을 볼 때 구별이 되지 않는 경우에도, 논리에 따라 사물을 보게 되면 사물은 서로 다르다. 그러한 진리를 시인은,

> 쇠뿔을 잡으려다 소를 죽인다는 말이다/ 시인의 시를 사랑하여 애독하는 것과/ 시인의 뜻을 기리는 문학상은 다른 것이다/ 독초도 어린 순은 독이 없다.

-「애독자」부분

　이렇게 단순명쾌하게 일갈하고 있다. 물론 그 시인은 시를 애독하는 것과 시인을 기리는 문학상이 다르다는 것을 알고 받았을 수 있다. 이에 대한 비평은 독초도 어린 순은 독이 없어 일반적인 풀과 구분할 수 없으나, 다 자란 독초는 구별할 수 있고 따라서 구별해야 한다는 것이다.
　「변기」에서는 마르셀 뒤샹의 작품 '샘'에 대하여 비평하면서 샘이라는 제목으로 표현된 변기와 그 제목인 샘의, 인간의 육체를 매개로 한 필연성을 들추어 내보이고 있다. 그러나 다음 시는 좀 다르다.

　　물이 높은 곳에서 샘솟고 있다는 것은/ 갈증을 풀어야 할 사람이 많다는 것이다/ 예수님도 그랬고 부처님도 그랬다

-「물의 지형」부분

　산에 오르는 사람들은 누구나 솟는 샘을 찾아 물을 들이킨다. 그 물은 저 아래로 흐르는 물과는 다른 물이다. 그 물은 예수님도 부처님도 마신 물이다. 예수

와 부처는 낮은 곳으로 임하여 민중과 백성을 사랑한 성인이다. 시인이 이 시를 통하여 말하고자 하는 바는 바로 그것인 것 같다. 물이란 흐르면서 더러운 것을 씻어주는 신성한 것이다. 이 시에서 말하는 갈증은 물을 마시면 해소되는 갈증이 아니다. 예수와 부처는 낮은 곳으로 임하기 전에 높은 곳에서 솟는 물을 마셨다.

 이렇게 사물의 순리를 통하여 인간을 비평하는 시편들은 「무재」, 「코로나19세상」, 「정신이 모자라다」, 「한 사람 뒤, 그 옆」, 「책가방」, 「신 술타령」 등인데, 뭐랄까? 人權에 대한 物權을 넌지시 말하고 있다고 할까? 아니면, 인권의 전제가 물권임을 말한다고 할까? 해탈의 경지랄까? 신문에 칼럼을 연재하는 시인의 필치가 어느 정도는 반영되어 보인다. 유려한 문체와 능란한 논리로 돌파해가는, 시로서는 상당한 실험이 이루어지고 있다고 보여진다.

 이 같이 시인의 언어 안에서 사물들은 새로운 관계를 맺고 있으며 자신의 존재를 독자에게 보여준다. 시인은 무슨 교훈 따위를 말하지 않고 통달하거나, 깨달은 척도 하지 않는다. 무슨무슨 문학상을 수상한 시에서처럼 스스로 연민에 빠지거나, 스스로를 위로하거나, 대단해 보이는 인생론을 펼치거나, 그래서 어떤 포즈를 취하거나 하지 않는다. 다만 사물의 어엿한 질서를 보여줄 뿐이다.

여기 서서 바라보면
길 건너 산
한 뼘 밭
비알에서

연이 할머니 할아버지
앞서며 뒤서며
일 하는 것
다 보인다

눈. 코. 입. 귀
하나도 안 보이고
누구라고 안 해도
다 안다

그런데 하늘에 계신 하느님.

내가 매일매일

무얼 하고 있는지

왜 모르겠는가

- 「여기 서서 바라보면」 전문

  이런 시가 꽉 들어 찬 시이다.

  시인은 시를 쓸 때 자신의 전부를 투입하여 쓴다. 시에서의 세련된 문체는 그대로 시인의 세련된 사상이며 정서이다. 이번 임영석 시집의 시편들 중에는 어느 작품 하나 세련되지 않은 문체가 없다. 의도적으로 비평의 안목으로 쓴 작품이 아니면, 모든 시편들이 단순 명쾌한 이미지로 제시되어 있다. 비평의 안목으로 쓴 시편들도 문체가 유려하고 논리의 돌파가 당차다. 사는 동안의 체험을 통하여 익숙해진 사물을 보는 예리한 시선이 꾸밈없이 그대로 드러나 있다. 그래서 기대가 되는 시집이다.